ÉLOGE
DE M. MARJOLIN

PRONONCÉ

A, LA SÉANCE ANNUELLE DE LA SOCIÉTÉ DE CHIRURGIE

2 juillet 1851

Par M. MONOD

Chirurgien des Hôpitaux.

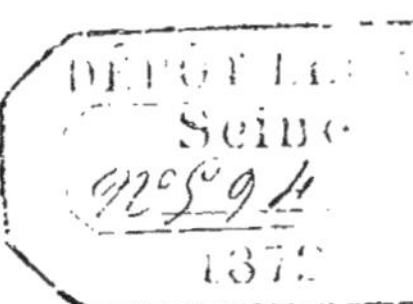

PARIS

IMPRIMERIE CENTRALE DES CHEMINS DE FER

A. CHAIX ET Cie

RUE BERGÈRE, 20, PRÈS DU BOULEVARD MONTMARTRE.

1872

ÉLOGE DE M. MARJOLIN

PRONONCÉ A LA SÉANCE ANNUELLE DE LA SOCIÉTÉ DE CHIRURGIE

2 JUILLET 1851

Par M. MONOD, *Chirurgien des hôpitaux.*

MESSIEURS,

Quoique la Société de chirurgie ne soit encore arrivée qu'à la huitième année de son existence, elle a déjà fait deux pertes bien grandes. Auguste Bérard et Marjolin, que nous étions fiers de compter parmi nos collègues, nous ont été enlevés, l'un par une mort prématurée, l'autre après avoir parcouru une longue carrière heureusement et glorieusement remplie.

Je ne viens pas aujourd'hui renouveler les regrets que nous a causés naguère la mort d'Auguste Bérard; mais je vous demande la permission de rendre, au nom de la Société, un dernier hommage à la mémoire de notre maître vénéré, qui voulut bien être notre collègue, et qui a été enlevé l'an dernier par une longue et cruelle maladie à notre affection et à notre respect.

J'ai longtemps décliné le périlleux honneur de prendre la parole à cette occasion dans le sein de la Société de chirurgie, et je regrette que ceux de nos collègues qui étaient mieux en état de s'acquitter de cette tâche, tout à la fois si difficile et si douce, aient été empêchés de le faire. Vous me tiendrez gré, Messieurs, de ma bonne volonté et ne verrez que mon désir d'accomplir un pieux devoir envers celui qui guida et encouragea mes premiers pas dans l'étude de la chirurgie.

Jean-Nicolas Marjolin, né le 6 décembre 1780 à Gray, village de la Haute-Saône, orphelin de père dès sa plus tendre enfance, arrivé à Paris pour étudier la médecine en 1800, après avoir passé quelque temps dans une étude de notaire, et essayé de la vie militaire, venu avec des ressources tellement exiguës qu'il était obligé de se loger dans une mansarde, à laquelle il n'arrivait qu'à l'aide d'une échelle, et de conserver pendant quelque temps son uniforme de dragon, est mort dans cette ville le 4 mars 1850, professeur de la Faculté de médecine de Paris, chirurgien de l'hôpital Beaujon, membre de l'Académie de médecine et d'un grand nombre d'autres sociétés savantes ; en possession d'une immense clientèle, au sein des jouissances que donne une grande fortune, objet des soins incessants et dévoués d'une épouse digne du nom glorieux qui lui avait été donné, et de deux fils, l'un marchant sur les traces de son père, l'autre marquant sa place, quoique jeune encore, dans la magistrature, entouré d'amis et d'élèves qui se disputaient le privilége de recueillir ses dernières paroles et ses dernières marques d'affection, ne laissant derrière lui personne qui eût besoin de lui pardonner.

Il est rare de rencontrer une plus brillante et plus douce vie. Beaucoup d'autres ont, comme Marjolin, conquis la fortune et la renommée ; quelques-uns ont accumulé des titres scientifiques plus nombreux et une opulence plus grande, mais que de fois, hélas! c'est au prix du véritable bonheur! Que de fois, arrivés au terme de leur carrière, ils se sont aperçus avec amertume qu'ils n'avaient pas atteint le but pour lequel ils avaient consumé leur vie, comblés de bien et d'honneurs, mais cherchant toujours ce qui leur manquait, rassasiés, mais toujours affamés! Il n'en a pas été ainsi de Marjolin ; il a goûté non-seulement les vives et fugaces jouissances de l'amour-propre, mais aussi les douces joies de la famille, et celles plus précieuses encore que procure une bonté incessamment éprouvée, et, arrivé au terme, il a pu voir arriver la mort sans frayeur et sans regrets, en paix avec Dieu et avec les hommes.

Ce n'est pas un simple motif de curiosité qui nous pousse à nous enquérir des circonstances de la vie des hommes qui ont marqué dans leur passage sur cette terre. Il y a dans cette étude un enseignement précieux qui parle souvent plus à l'esprit et au cœur que les plus sages exhortations, et dont tous peuvent profiter, soit pour s'élancer sur les traces de ces hommes célèbres, soit pour éviter les fautes qu'ils ont pu commettre.

Suivons donc notre maître dans le cours de cette vie dont le début a été si pénible et si modeste, et dont la fin a été si illustre; apprenons de lui comment on peut surmonter les obstacles et aplanir sa route; apprenons aussi comment on se fait pardonner ses succès et sa gloire, comment on évite l'orgueil, l'envie et la haine, triste cortége qui si souvent trouble l'existence de ces hommes privilégiés.

Mais en rendant à Marjolin le juste tribut d'éloges qu'il a si largement mérité, ne craignons pas d'être équitable, et, pour ne pas décourager ceux qui seraient animés du noble désir de l'imiter, sachons apprécier les circonstances dans lesquelles il débuta.

Au commencement de ce siècle, lorsque le calme succéda aux orages qui avaient si fortement ébranlé la France, la route était moins encombrée que de nos jours pour ces hommes d'é-lite qui ont fait dans les sciences la gloire de cette brillante époque. En ce temps la place de l'Hôtel-Dieu n'était disputée que par deux rivaux; quatre concurrents se présentaient pour l'une de ces chaires, auxquelles on n'arrive aujourd'hui qu'après avoir usé ses forces dans une série de concours contre une foule de rivaux moins heureux, mais non moins méritants. Les difficultés augmentent d'année en année avec le nombre d'hommes qui se distinguent, et ceux d'entre nous qui ont à peine échangé le rôle de concurrents pour celui de juges peuvent répéter à ceux qui se pressent dans l'arène des concours, ce que Richerand disait à quelques-uns de nous, au sortir des épreuves d'une place d'aide d'anatomie: « Je suis bien heureux, Messieurs, d'être venu vingt ans plus tôt. »

Marjolin aurait certainement frayé sa route vingt ans plus tard, mais il eût chèrement payé la victoire.

Marjolin nous donne lui-même la clef de ses succès dans le discours qu'il prononça à l'ouverture des cours de la Faculté de médecine le 5 novembre 1838. Il avait à faire l'éloge d'Alibert; il saisit cette occasion d'adresser aux élèves qui l'écoutent, des conseils qui, on le sent, partent d'un cœur animé d'un sincère désir d'être utile à ces jeunes gens. En comparant le tableau qu'il trace de la vie de l'étudiant en médecine telle qu'il la conçoit avec les détails contenus dans une lettre écrite à son sujet par son ancien condisciple M. Gilbert de Savigny, il est facile de voir que le professeur a fait à son insu sa propre histoire.

Permettez-moi de vous citer de ce discours quelques lignes, qui ne pouvaient sortir que de la plume de celui qui avait consacré sa vie au travail.

« L'homme, Messieurs, a été créé pour le travail ; le pauvre y est forcé pour subvenir à ses pressants besoins, et trop souvent pour lui la mesure du travail excède celle de ses forces ; l'homme aisé, l'homme riche, celui-là même que la fortune a le plus largement comblé de biens, ne s'appartient pas ; il se doit au travail. L'obligation ne lui est-elle pas impérieusement imposée de coopérer au bien-être physique ou à l'amélioration morale des autres ! Il ne peut vouloir se soustraire à cette obligation conservatrice de la société sans encourir la honte, sans s'exposer au mépris. Pour lui, d'ailleurs, l'obligation au travail est bien plus facile : loin d'être un poids difficile a supporter, elle devient l'élément principal de son bonheur ; elle entretient sa santé et développe ses facultés intellectuelles ; le préserve de l'ennui, cette lente torture de l'âme ; chasse loin de lui l'oisiveté, cette mère trop féconde des désordres, des vices, des regrets inutiles »

Il est peu d'étudiants qui aient autant travaillé que Marjolin. M. Gilbert de Savigny nous apprend qu'il se levait à 4 heures du matin et ne se donnait que deux ou trois heures de loisir à la fin de la décade. C'était en variant ses occupations qu'il se reposait.

Sans doute, il fallait une nature privilégiée pour profiter, comme l'a fait Marjolin, d'un travail même si opiniâtre. C'était en effet une riche organisation ; une constitution vigoureuse lui permettait d'user largement des belles facultés dont il était doué ; son intelligence était prompte et sûre, sa mémoire était rapide, fidèle et surtout tenace ; il joignait la rectitude du jugement à l'esprit d'observation, la concision et la finesse dans l'expression de sa pensée à une grande facilité dans l'élocution ; son organe, grave et sonore, donnait à sa parole un charme tout particulier. Avec de si puissantes armes, un travailleur tel que Marjolin aurait été sûr de vaincre ses rivaux s'il n'avait eu cette modestie et cette défiance de soi-même qui sont l'apanage du vrai mérite. Aussi devint-il rapidement élève interne, lauréat de l'École pratique, aide d'anatomie et prosecteur. Marjolin se présenta dans onze concours successifs, dont le dernier lui valut la place de chirurgien en second de l'Hôtel-Dieu. Il n'échoua que dans un seul, qui est resté célèbre dans les annales des concours, celui pour la chaire de médecine opératoire vacante par la mort de Sabatier. Mais sa défaite même fut une victoire ; sa place à l'École était désormais con-

quise, et six ans plus tard, en 1818, il fut appelé par élection
à occuper cette chaire de pathologie externe qu'il a illustrée
jusqu'à la fin de sa carrière. C'est à l'enseignement que Marjolin
doit surtout sa réputation. Je n'ajouterai rien à ce qu'en on dit
MM. Velpeau et Demarquay; ils ont parfaitement fait ressortir
le mérite solide de l'enseignement de Marjolin et le charme
attaché à la manière dont il professait. Ses écrits sont un
reflet de son enseignement. Sa thèse inaugurale, qu'il fut
obligé d'écrire brusquement dans l'espace de quelques jours,
consistait en une série de propositions de chirurgie et de
médecine, dont M. Velpeau a présenté une analyse savante et
exacte. Leur variété prouve que l'esprit observateur de Marjolin
avait embrassé dans ses études tout le domaine de la pathologie et annonçait ce grand praticien qui devait plus tard obtenir
la confiance générale, non-seulement comme chirurgien, mais
comme médecin.

Son *Manuel d'anatomie*, qui a été si utile à nous tous, soit
dans nos études anatomiques, soit dans les épreuves des concours d'aides et de prosecteurs, est le fruit de ses laborieux
travaux comme professeur particulier d'anatomie, et ses nombreux articles de chirurgie dans les dictionnaires de médecine
sont la reproduction de ses excellentes leçons à l'Ecole de
médecine. Grâce à ces articles, cet enseignement si précieux
ne sera pas entièrement perdu pour ceux qui n'ont pas eu le
bonheur de l'entendre.

Mais s'il est instructif de considérer Marjolin comme professeur, il est plus profitable encore d'apprendre par son exemple
l'art si difficile de bien pratiquer.

Avec les qualités d'esprit et de cœur dont il était doué et la
haute réputation qu'il avait acquise, Marjolin devait attirer la
confiance générale ; jamais peut-être elle ne fut mieux justifiée.
Son coup d'œil sûr et rapide, son tact pratique, sa vaste expérience assuraient la guérison des malades, dont il gagnait l'affection par sa bonté, sa douceur et l'agrément de ses manières.
Qui de nous n'a saisi maintes fois l'occasion de s'aider de ses
conseils et de s'initier à son contact dans ce savoir-faire de
bon aloi que possédait Marjolin à un si haut degré ? Quoique
son désintéressement fût extrême et que le pauvre fût assuré
de ses soins à l'égal du riche, cependant il savait dans l'occa-

casion, sans s'écarter des formes d'une urbanité parfaite, les faire estimer à leur juste valeur.

Un homme que Marjolin savait être fort riche vint un jour le consulter et en sortant lui laissa une papillote qui contenait une pièce de 2 francs. Venu une seconde fois, il voulut renouveler la manœuvre qui lui avait déjà si bien réussi. « Monsieur, lui dit Marjolin sans ouvrir la papillote, vous vous trompez, mes consultations ne sont que de 20 francs. »

Marjolin avait opéré et guéri un pauvre Auvergnat d'une hernie étranglée ; à quelques jours de là, ce brave homme vint lui rende visite portant un gros sac. Marjolin refusa d'abord de rien recevoir; mais l'Auvergnat, soutenant qu'ayant bien travaillé il devait être bien payé, versa sur la table le contenu de son sac: c'était 12 francs en sous et petite monnaie. Marjolin convint alors avec lui qu'ils partageraient, ce que l'autre accepta, et il s'en fut en disant à son chirurgien, avec une expression trop énergique pour la rapporter ici : Monsieur, vous devez faire de fameuses journées.

Son indépendance de caractère et sa franchise étaient au-dessus de toute considération d'intérêt personnel. Il était prosecteur lorsque la nat'on fut invitée à voter sur la question du consulat à vie; Marjolin écrivit : « Non » sur le registre qui lui fut présenté. Thouret, alors doyen de la Faculté, le fit venir dans son cabinet, et lui représenta la gravité des conséquences que pouvait avoir ce vote pour son avenir ; le rigide républicain répondit que, ce vote étant l'expression de son opinion, il n'était pas libre de le modifier. « Eh bien, je me permets alors de le détruire, » dit Thouret en déchirant la page qui pouvait nuire à son jeune ami.

Si Marjolin a obtenu par son mérite et son génie pratique la haute position qu'il avait conquise, c'est à sa modestie, à sa bonté, à sa droiture qu'il a dû en grande partie le bonheur dont il jouissait pendant sa vie. Tous ses panégyristes ont à l'envi rendu hommage aux qualités excellentes qui ont valu à Marjolin l'estime et l'affection de ses maîtres, l'amitié de ses camarades et même de ses rivaux, le respect et le dévouement de ses élèves. Un seul homme a fait à cet égard une triste exception; je ne veux pas ici soulever le voile jeté sur les imperfections de caractère qui ont empoisonné la vie de Dupuytren, mais il me sera permis de rappeler que les premiers

froissements qui eurent lieu entre Dupuytren et Marjolin four-
nirent la preuve de la loyauté de ce dernier et de sa constance
dans l'amitié.

Dupuytren avait injustement accusé M. Gilbert de Savigny
d'avoir pris parti pour Laënnec contre lui, dans une discussion
de propriété littéraire. Marjolin défendit son ami avec une
vivacité qui pouvait compromettre ses propres intérêts. Un trait
charmant achève de peindre Marjolin dans cette circonstance.
Ce ne fut que longtemps après que M. Gilbert apprit ce qu'il
devait à son ami. Malgré sa jalousie, Dupuytren appréciait
Marjolin et ne cessa jamais de l'estimer, d'autant plus que ce
dernier n'oublia jamais, même dans ses rapports les plus pénibles
avec son ancien maître qu'il avait été son prosecteur affectionné.
Dupuytren, dans les dernières années de sa vie, avait même
fini par céder au charme qu'exerçait Marjolin sur tous ceux
qui l'approchaient; il ne craignit pas, un jour, de lui confier les
chagrins de sa vieillesse. Lorsque notre collègue M. René
Marjolin fut nommé élève externe, Dupuytren demanda à son
père de l'envoyer à l'Hôtel-Dieu, témoignant ainsi publiquement
de son estime pour son collègue.

Marjolin resta toujours attaché à ses premiers maîtres, même
après qu'il fut devenu leur égal. Boyer surtout, dont la tournure
d'esprit avait tant de rapports avec celle de Marjolin, et qui
l'avait initié dans l'étude de la chirurgie, fut toujours vénéré
par son ancien élève.

Marjolin arrivait à l'École pour donner sa leçon, lorsqu'il
apprit que son maître venait d'expirer; il entra dans l'amphi-
théâtre, s'assit dans sa chaire, et après un instant de silence :
« Messieurs, dit-il, l'École vient de faire une grande perte :
M. le professeur Boyer est mort; il m'est impossible de donner
ma leçon dans une circonstance si douloureuse. » Et il leva la
séance, rendant ainsi à Boyer un hommage qui valait bien un
panégyrique.

Lorsque quelques-uns d'entre nous eurent l'idée de fonder la
Société de chirurgie de Paris, Marjolin applaudit à ce projet et
encouragea nos premiers pas.

Nos statuts invitaient nos collègues plus anciens que nous dans
les hôpitaux à se joindre à nous; quoique nous eussions la
conviction que la Société de chirurgie avait assez d'éléments de
vitalité pour réussir et prendre la place qui lui appartenait, nous

aurions tenu à honneur de recevoir l'adhésion et le concours
de nos maîtres. Nos espérances, quelque légitimes qu'elles fus-
sent, furent trompées : Marjolin seul vint à nous; il comprit l'u-
tilité et l'avenir réservé à cette Société; il y avait d'ailleurs, dans
cette adhésion, un encouragement à donner à de jeunes collègues, et ce motif eût suffi à ce noble cœur. Il regrettait souvent de ne pouvoir assister à nos séances; l'intérêt qu'il por-
tait à la Société de chirurgie ne se démentit pas même à son
lit de mort; il se faisait rendre compte des discussions qui a-
vaient eu lieu, et les éclairait parfois de ses réflexions. Il avait
eu l'idée de consacrer à la Société de chirurgie les loisirs forcés
que lui créait sa maladie, et j'ai eu entre les mains le commencement d'un manuscrit qui avait trait aux déplacements de
matrice et qui devait être offert à notre Société.

Ah! Messieurs, si quelque chose pouvait ajouter aux regrets
que nous a causés la perte de ce maître si bon, si aimable, de
ce praticien si judicieux, de ce professeur qui nous instruisait en
nous charmant, ce serait d'avoir été privés de ce travail précieux, dans lequel il nous eût fait connaître les fruits de son
immense pratique et de sa longue expérience.

La mémoire de Marjolin vivra toujours parmi nous; nous ap-
prendrons à la génération qui nous pousse, et qui bientôt nous
remplacera sur ces bancs, à aimer Marjolin. Je ne sais si je me
trompe; mais il me semble que l'avenir de notre Société serait
encore plus assuré si elle était placée sous le patronage de ce
beau nom, et si nous rappelions les titres que Marjolin avait à
notre affection en plaçant son buste dans cette salle. Si cette
idée avait votre approbation, je proposerais que notre président
exprimât à Mme Marjolin le vœu que nous formons de posséder
le buste de notre maître.

Puisse cet hommage de la Société de chirurgie contribuer à
adoucir les regrets de celle qui, après avoir embelli la vie de
Marjolin et lui avoir fait goûter les joies du foyer domestique,
a su, par sa tendresse et son dévouement de tous les instants,
préparer le moment où il a été recueilli dans le sein de Dieu
qui l'avait comblé de tant de faveurs pendant sa carrière
terrestre.

IMP. CENTRALE DES CHEMINS DE FER. — A. CHAIX ET Cie, RUE BERGÈRE, 20, PARIS. — 1802-2